# Grand large

Méthode de lecture **CP**

CYCLE 2

**Denis Chauvet**
Professeur des Écoles Maître Formateur

**Olivier Tertre**
Professeur des Écoles Maître Formateur

BELIN
8, rue Férou 75278 Paris cedex 06
www.editions-belin.com

# Préface

■ ***Grand large*** est une méthode qui s'organise en cinq grands projets de lecture. Chaque histoire est ponctuée par un documentaire qui permet d'apporter des informations en relation thématique avec l'histoire lue précédemment. Le dernier documentaire a un statut particulier. Il est destiné à faire prendre conscience à l'élève du chemin qu'il a parcouru pour apprendre à lire.

■ Mise en œuvre depuis plusieurs années dans nos classes, cette méthode développe progressivement et tout au long de l'année des savoirs et savoir-faire en lecture et écriture définis dans le cadre des instructions officielles. L'apprenti-lecteur construit différentes habiletés dans le but d'apprendre à comprendre ce qu'il lit. Quelques exemples de compétences principalement travaillées :

– décoder les mots nouveaux, proposer une graphie possible pour un mot,

– reconnaître rapidement les mots fréquents et les syllabes (syllabaire),

– identifier les personnages dans un épisode, ainsi que les différents mots qui les désignent, ce qui permet de s'assurer de l'association correcte des personnages et de leurs actions,

– repérer les répliques et les personnages de l'histoire qui les produisent,

– apprendre progressivement à identifier les idées principales d'un texte,

– anticiper une suite possible du texte à l'oral ou à l'écrit.

■ L'ensemble de ces compétences permet de développer réellement la capacité à *comprendre un texte narratif*.
Nous proposons donc un programme d'apprentissage équilibré entre sens et technique : en effectuant un va-et-vient entre identification des mots et construction de la compréhension travaillées, entre autres, à partir des personnages qui constituent la clé de voûte des histoires.
Cette approche est transférable à la très grande majorité des textes et constitue, selon nous, un appui solide pour entrer dans l'écrit.

■ Grâce à cette démarche, nous conduisons l'élève dans la maîtrise progressive de la lecture :
– en l'amenant à identifier progressivement les mots,
– en développant la capacité à opérer des relations entre différents indices de sens,
– en le dotant de compétences nécessaires à la production écrite.

Les auteurs

Cette méthode a été utilisée dans différentes classes de CP, dont des classes de ZEP.



ISBN 2-7011-4035-8

# Table des matières

# Les voyelles

## A, a, a

J'ai un chocolat,

## É, é, é

je l'ai avalé,

## I, i, i

il était exquis,

O, o, *o*

j'en veux

un plus gros,

U, u, *u*

tu n'en auras plus.

A, é, i, o, u!

# L'alphabet

## a, b, c, d, e

Où es-tu Mathieu ?

## f, g, h, i, j

Non, pas sous le lit !

## k, l, m, n, o

Pas dans le frigo !

p, q, r, s, t

Ah ! dans le grenier !

u, v, w

Je t'ai retrouvé,

x, y, z

viens, j'ai besoin d'aide.

# La semaine de Lulu

Lundi,

Lulu sort de son lit.

Mardi,

Lulu joue, saute et rit.

Mercredi,

Lulu voit ses amis.

**Jeudi,**

Lulu lit et écrit.

**Vendredi,**

Lulu va chez Mamie.

**Samedi,**

la semaine est bien remplie.

**Alors, dimanche,**

Lulu grimpe aux branches.

Anne-Claire
Lévêque

# Dans la rue

Illustrations de
Frédéric Pillot

BELIN
11

Lundi, dans la rue,
j’ai vu une sorcière
qui vendait
des pommes.
Et personne ne m’a crue.

Mardi, dans la rue,
j'ai vu un fantôme
qui prenait l'air
sur son balcon.
Personne ne m'a crue.

Mercredi, dans la rue,
j'ai vu un garçon
qui se balançait
en haut d'une maison.
Personne ne m'a crue.

Jeudi, dans la rue,
j'ai vu un monstre
aux dents longues
qui dévorait un fauteuil.
Personne ne m'a crue.

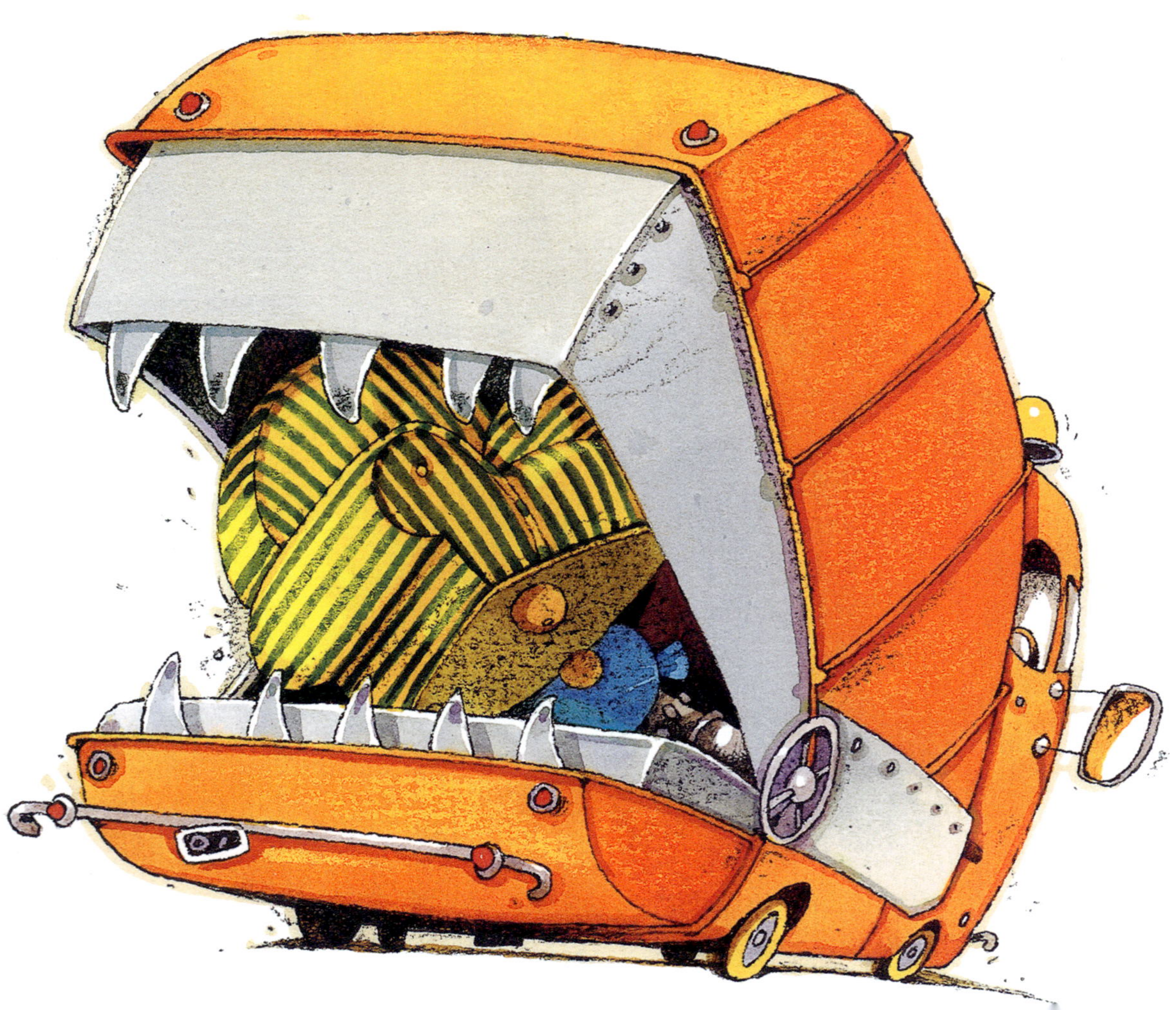

Vendredi, dans la rue,
j'ai vu un ver de terre géant
qui grimpait sur un mur.
Personne ne m'a crue.

Samedi, dans la rue,
j'ai vu un espion
couvert de boue
qui sortait d'un égout.
Personne ne m'a crue.

Dimanche, sur la place,
j'ai vu cinq Pères Noël
qui jouaient au basket.
Tout le monde m'a crue.
N'importe quoi !

# Que signifie le panneau  ?

Interdit aux vélos !

Interdit aux chiens !

Sens interdit !

Le panneau  indique que c'est interdit.

# Que signifie le panneau  ?

Attention, il y a des travaux !

Attention, il y a une école !

Attention aux vaches !

Le panneau  indique qu'il faut faire attention.

# Dans la jungle de Balawé

Alicia

Illustrations de
François Bonnery

BELIN

23

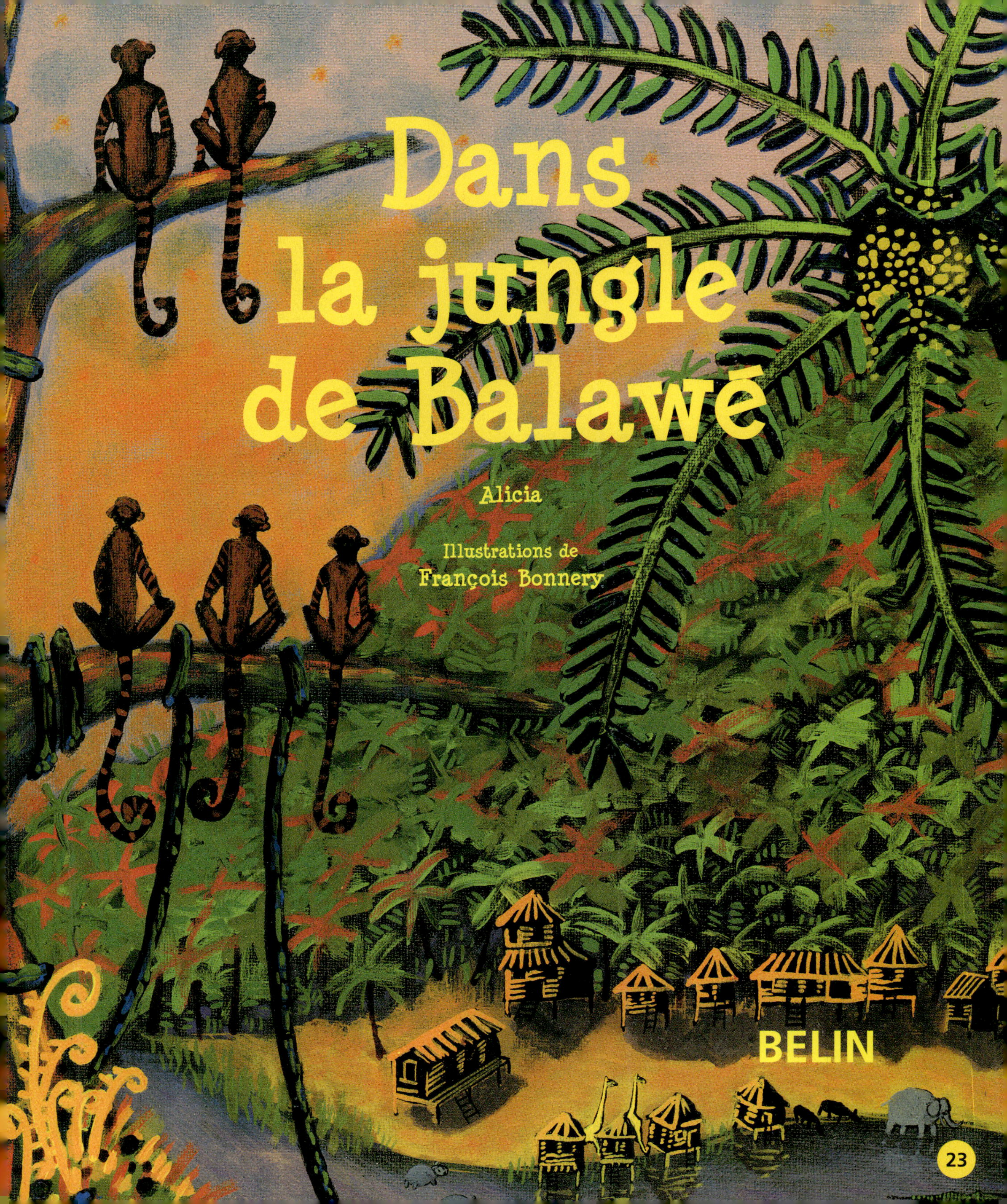

Dans la jungle de Balawé,
tout le monde prenait Hugo pour un idiot.
Il ne jouait pas. Il ne parlait pas.
Il ne savait pas nager.
Il rêvait au bord du fleuve.

« Je ne sais plus quoi faire ! » disait son père.

« Je ne suis peut-être pas assez sévère », disait sa mère.

« Va jouer avec tes amis ! » lui répétait son père.

« Mais quels amis ? » pensait le petit crocodile.

Un jour, en rêvant au bord du fleuve,
Hugo entendit des rires et des cris.

Il aperçut un hippopotame qui disait :
« Jacques a dit : levez une patte ! »

Tout le monde levait une patte.

Et l'hippopotame poursuivait :
« Jacques a dit : fermez l'œil droit ! »

Tout le monde fermait un œil.

« Baissez la patte ! »
ordonna l'hippopotame.
Seul, le singe baissa la patte.

« Zéfir, tu as perdu ! »
dit l'hippopotame.
« Bizarre mais drôle »,
pensait Hugo.

Éliminé, le singe grimpa dans l’arbre
et aperçut le crocodile.

Hugo dit alors au singe :
« Je peux jouer avec vous ? »
« Suis-moi ! » lui répondit Zéfir.

Il le présenta à ses amis.
Tous commencèrent alors
une nouvelle partie.

« Jacques a dit : levez une patte !
Jacques a dit : fermez l'œil gauche !
Jacques a dit : baissez la patte ! »
disait l'hippopotame,
rapide comme l'éclair.

« C'est fatigant »,
dit le zèbre.
Alors l'hippopotame leur murmura : « Repos ! »
« Ah ! ça, c'est facile », dirent les animaux.

Et tout le monde prit sa pose préférée,
tout le monde sauf Hugo.

**Hugo avait gagné !**

La nuit tombée, Hugo rentra chez lui et raconta qu'il avait rencontré des amis.
Depuis ce jour, plus personne ne prit Hugo pour un idiot.

# Qui sort d'un œuf ?

La mère crocodile pond 30 œufs, alors que la mère serpent pond 10 œufs.

L'hippopotame et le singe sortent du ventre de leur mère.

# De quoi se nourrissent les bébés ?

de lait ?

de grenouille ?

de banane ?

de souris ?

de poisson ?

d'herbe ?

Le bébé crocodile mange des grenouilles et le petit serpent gobe des souris.

Le bébé hippopotame boit le lait de sa mère comme le petit singe.

# Où vivent ces animaux ?

L’éléphant, la girafe et le lion habitent dans la savane.

Le boa, le gorille et l’éléphant vivent cachés dans la jungle.

Dans le désert, le dromadaire et le fennec peuvent vivre plusieurs jours sans boire.

L'hippopotame et le crocodile aiment rester dans l'eau.

Jean-Christophe Pitard
Princesse
Illustrations de
Grégoire Mabire
BELIN

Il était une fois une princesse, qui s'appelait justement Princesse. Cette princesse, douce et jolie, voulait depuis toujours devenir sorcière.

Un matin, le roi, son père, lui dit :
« Une princesse comme toi, si douce, si jolie, ne peut pas faire une bonne sorcière. Tu es faite pour devenir la femme d'un roi, comme ta mère. »

Comme toujours Princesse répondit :
« Je ne suis pas méchante,
mais je veux être sorcière. »

SORCIERE MAG'
MES PIRES RECETTES
POTIONS

Le roi et la reine étaient malheureux.
Ils demandèrent conseil à Antoinette,
la nounou de Princesse.

« J'ai une idée. Je vais téléphoner à Marie-Fistule,
mon amie d'enfance. Elle est sorcière diplômée.
Princesse ira chez elle pendant quelques jours.
Elle verra que c'est un horrible métier »,
dit sa nourrice.

Le lendemain, Princesse partit chez Marie-Fistule. Elle traversa des marécages qui sentaient le fromage, des prairies qui sentaient le pourri et des vallées qui sentaient les pieds. Elle arriva enfin devant la maison de Marie-Fistule.

« C'est à cette heure que tu arrives ?
Va t'habiller et mets-toi au travail ! »
dit la petite femme.
Princesse enfila son tablier et éplucha des grenouilles.
Elle commençait à regretter le château.

Le jour suivant, Marie-Fistule lui donna sa première leçon de pilotage.
Mais le balai était vieux et perdait ses poils.
Chaque fois que Princesse enfourchait le balai, il tremblait et la pauvre apprentie se retrouvait par terre.
Marie-Fistule se mit alors en colère :
« Tu es trop maladroite. Va plutôt me chercher des champignons, je dois jeter des sorts.
– Mais, il fait presque nuit, protesta Princesse.
– Justement, les meilleures potions se préparent avec des champignons de nuit. Dépêche-toi. »

Princesse s'enfonça dans les bois.

Le hibou poussa son cri. Princesse frissonna.

Elle continua à s'avancer dans la nuit.

Elle ne pensait plus aux champignons.

Son château lui manquait. Elle inventa quelques formules magiques pour se donner du courage.

Enfin, elle aperçut les champignons qui brillaient dans le noir comme les étoiles dans le ciel. Elle rentra éclairée par le panier.

Au petit matin, Princesse n’avait plus envie de devenir sorcière. Elle regrettait sa belle chambre et les jardins du palais.
Là-bas, elle était réveillée par les rayons du soleil et le chant des oiseaux.
« L’odeur de potion me donne mal au ventre, gémit Princesse en se levant.

– Monte plutôt au grenier et apporte-moi le livre de recettes à faire tomber les cheveux. Il est dans la malle noire », lui répondit la vieille femme.

Princesse grimpa dans le grenier et écarta les toiles d'araignées. Elle ouvrit la malle et commença à fouiller. Elle trouva vite le livre de recettes. En le prenant, une photo tomba. C'était le portrait d'une très jolie petite princesse entourée de sa famille. Tous étaient habillés comme des princes. Au dos de la photo, elle put lire :

« Huitième anniversaire de Marie-Tulipe »

Princesse se dit alors que si Marie-Fistule avait réussi, elle pouvait aussi réussir.

À partir de ce jour, elle écouta tous les conseils de la vieille sorcière. Les années passèrent et elle devint une sorcière très célèbre.

# Les sorcières ont-elles existé ?

Au Moyen Âge, il n'y avait pas de médecin dans les campagnes. Pour se soigner, les gens allaient voir des femmes qui vivaient seules et que l'on appelait guérisseuses ou sorcières. Elles utilisaient des plantes pour préparer des remèdes.

**Enluminure d'un livre de médecine du 14e siècle.**

# Quelles plantes utilisaient les sorcières ?

Le **chardon** était efficace pour stopper les saignements de nez.

L'**armoise** permettait de tuer les poux.

La **mélisse** était utilisée pour faire baisser la fièvre.

La **vipérine** calmait la toux.

François Beiger

# Akli le jeune berger et le loup

Illustrations d'Ourida Dif

BELIN

Akli, un jeune berger kabyle, gardait les moutons que son père lui avait confiés. Les loups, attirés par le troupeau, rôdaient depuis plusieurs jours dans les alentours.

Parmi les moutons, Akli avait quatre agnelets qu'il cachait dans une grotte pour les protéger des loups. Il partait tous les matins au lever du soleil chercher de l'eau au puits, qui se trouvait à une heure de marche.

Lorsqu'il revenait avec sa cruche remplie d'eau sur la tête, il frappait toujours à la porte de la grotte et prononçait ces paroles :

– *Le pot sur la tête, c'est moi Akli votre berger !*

C'était le mot de passe que son père lui avait transmis et que tous les jeunes bergers de la région connaissaient.

Dès qu'ils entendaient ces paroles, les agnelets se sentaient rassurés et savaient que c'était Akli leur jeune berger qui rentrait. Ils ouvraient alors la porte de la grotte et le laissaient entrer avec sa cruche remplie d'eau.

Tous les matins, le berger leur répétait :

– Vous ne devez ouvrir la porte à personne d'autre qu'à moi ! C'est bien entendu ?

– Oui Akli, nous n'ouvrirons pas la porte !

– Pour me faire reconnaître, je prononcerai toujours la même phrase magique : *Le pot sur la tête, c'est moi Akli votre berger !*

Les quatre agnelets promettaient chaque fois de suivre ses conseils.

Un beau matin, Akli revint du puits, sa cruche sur la tête. Il frappa à la porte de la grotte et prononça la phrase magique :

– *Le pot sur la tête, c'est moi Akli votre berger !*

Un des agnelets alla ouvrir.

Seulement voilà ! Non loin de là, caché derrière les buissons, un jeune loup assista à la scène :

– Hum ! Ces agnelets me feraient un bon repas. Dès demain matin, pendant l'absence du berger, je viendrai leur rendre visite !

Le lendemain matin, le loup vint frapper à la porte de la grotte et murmura :

– *Le pot sur la tête, c'est moi Akli votre berger !*

Les agnelets ne reconnurent pas la voix d'Akli.

Ils se dirent tous ensemble :

– Ce n'est pas la voix de notre berger ! Nous ne devons pas ouvrir !

Le plus téméraire s'approcha de la porte et dit tout haut :

– Nous ne connaissons pas cette voix, nous n'ouvrirons pas la porte !

Déçu, le jeune loup retourna dans le maquis.

Tout penaud, il se rendit chez un vieux loup malin et lui demanda conseil :

– Que dois-je faire pour prendre la voix du berger ? demanda-t-il.

En vieil habitué des bergers kabyles, le vieux loup lui répondit :

– C'est simple ! Tu manges des framboises bien sucrées et tu te couches sur une ruche. Puis, tu laisses les abeilles envahir ta gorge. En butinant, elles vont rendre ta voix aussi légère que celle du jeune berger.

Le jeune loup remercia son aîné et partit très vite à la recherche de framboises bien mûres qu'il engloutit.

Puis, il s'allongea sur une ruche, la gueule ouverte et patienta.

Aussitôt, une multitude d'abeilles se précipitèrent au fond de sa gorge pour butiner.

Peu de temps après, le jeune loup se leva et fit quelques essais.

Sa voix était devenue aussi légère que celle du berger.

Au lever du jour, il retourna dans les buissons proches de la grotte et attendit que le berger parte au puits avec sa cruche sur la tête.

Le jeune loup frappa à la porte de la grotte.

Puis, il prononça la phrase magique :

– *Le pot sur la tête, c'est moi Akli votre berger !*

– C'est bien la voix de notre berger ! se dirent les quatre agnelets. Nous pouvons ouvrir !

Les agnelets ouvrirent la porte. Le loup se jeta sur deux d’entre eux pendant que les deux autres réussirent à s’enfuir.

Puis, repu, le loup retourna dans la montagne.

Lorsque Akli revint du puits, il trouva la grotte grande ouverte et les deux agnelets, tout tremblant de frayeur :

– Malheur ! Le loup est passé par là ! Que va dire mon père ? Et que vont penser de moi les autres jeunes bergers ?

Il retourna vite au village pour conter la mésaventure à son père.

Après avoir réuni les vieux bergers, celui-ci dit à Akli :

– Tu vas retourner là-haut, te cacher dans la grotte et attendre le loup ; il va sûrement revenir !

Il attendit plusieurs jours, un gourdin à la main, avant d'entendre, un beau matin, les pas feutrés du jeune loup…

Ce dernier frappa à nouveau à la porte et prononça la phrase magique :

– *Le pot sur la tête, c'est moi Akli votre berger !*

À ces mots, la porte s'entrouvrit.

– Hum ! Ces deux agnelets me feront un excellent repas, se dit le jeune loup qui sentait l'odeur alléchante.

Affamé, la gueule grande ouverte, il bondit sur sa proie et… Akli lui assena des coups de gourdin si forts que le jeune loup s'enfuit, hurlant de peur et de douleur.

Et c'est ainsi qu'autour du feu, les jeunes bergers aiment raconter cette aventure quand ils entendent des hurlements de loup dans la montagne.

# Mouton, agnelet ou brebis ?

Le **bélier** est le père de l'agneau ou de l'agnelle. Il peut vivre jusqu'à 12 ans et il pèse 80 kg.

Le **mouton** est le mâle adulte qui ne peut pas avoir de petit.

La **brebis** est la mère de l'agneau ou de l'agnelle. Elle peut vivre jusqu'à 8 ans et elle pèse 50 kg.

Quand le petit a moins d'un an, on l'appelle :
– **agneau** (ou **agnelet**) pour un garçon,
– **agnelle** pour une fille.

# Où vivent les moutons ?

De novembre à avril, quand la neige recouvre les pâturages, les moutons sont gardés dans une **bergerie**.

Au mois de mai, lorsque la neige a fondu et qu'il commence à faire chaud, le berger emmène son troupeau dans la montagne ; c'est la **transhumance**.

Dans la **montagne**, du mois de juin au mois d'octobre, le berger et son chien surveillent le troupeau qui broute l'herbe fraîche. Le berger soigne les animaux malades et, avec son chien, il empêche qu'on attaque le troupeau.

# Pourquoi élève-t-on

## Pour le lait

Lorsque les brebis ont des petits, elles produisent du lait qui servira à nourrir les agnelets ou à faire du fromage comme le roquefort en France ou la feta en Grèce.

**Le roquefort**

**Pour obtenir la quantité de lait d'une vache, il faut 22 brebis.**

## Pour la peau

Avec la peau du mouton, on peut fabriquer des **manteaux**, des **percussions**, des **porte-feuilles**, des **gants** et beaucoup d'autres choses…

# des moutons ?

## Pour la laine

La laine, c'est le poil du mouton.
Au mois de mars ou d'avril, le berger coupe la laine du mouton à l'aide d'une **tondeuse électrique** ou avec des ciseaux qu'on appelle **forces** : c'est la **tonte**.

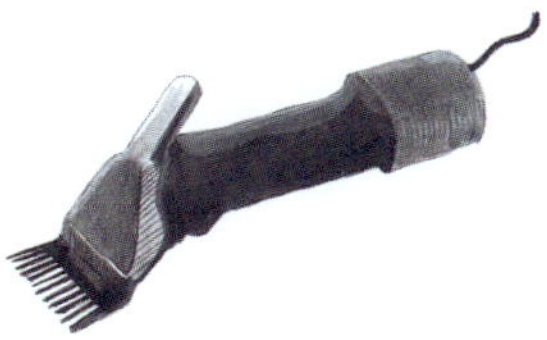

**Une tondeuse électrique**

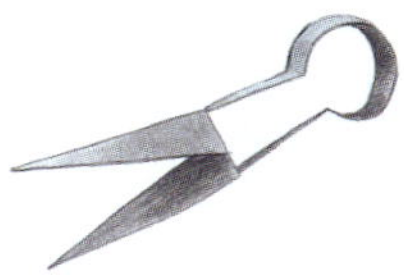

**Des forces**

La laine est ensuite utilisée pour faire des **vêtements** ou des **couvertures**.

## Pour la viande

Aujourd'hui, l'élevage des moutons sert essentiellement à fournir de la viande.
En France, on préfère manger de l'agneau alors qu'au Maghreb, on mange plutôt du mouton.

CONTE RUSSE

# L'oiseau de feu et le loup gris

Adaptation de L'oiseau de feu
(ЖАР-ПТИЦА)
par Denis Chauvet et Olivier Tertre

Illustrations de Sacha Poliakova

BELIN

*Ce conte se déroule dans un pays du nord de l'Europe, qui se nomme la Russie. Dans ce pays, aux hivers longs et froids, il y avait de nombreux royaumes où vivaient des rois qu'on appelait tzars. Leurs fils, les princes, étaient appelés tzarévitchs.*

Il y a bien longtemps, en Russie, vivait le tzar Démian.
Il avait deux fils : Vladimir, l'aîné et Ivan le plus jeune.
Le soir, le tzar et ses fils se promenaient dans leur splendide jardin. Tous les trois aimaient regarder un arbre rare.
C'était un pommier qui donnait des pommes en or.
Un beau matin, le vieux tzar s'aperçut que des pommes avaient disparu pendant la nuit.
Il ordonna alors à ses meilleurs gardes de surveiller l'arbre, mais aucun ne réussit à surprendre le voleur.

Il appela alors ses fils et leur dit :
– Celui de vous deux qui arrêtera le voleur deviendra tzar à son tour.

L'aîné des deux frères répondit aussitôt :
– Cher père, je surveillerai cette nuit-même le jardin et j'attraperai ce bandit.

Mais voilà, allongé sous le pommier, Vladimir rêvait à son futur royaume si bien qu'au fil de ses rêves, il s'endormit d'un profond sommeil… et des pommes disparurent.

Le lendemain matin, le tzarévitch préféra mentir à son père. Il raconta qu'il avait monté la garde la nuit durant, et qu'il n'avait vu personne.

La nuit suivante, ce fut au tour d'Ivan Tzarévitch de monter la garde. Le jeune Ivan affrontait le silence de la nuit, quand… une lumière pareille à celle d'une flamme s'éleva du pommier.
C'était l'oiseau de feu. Il venait picorer les pommes. Ivan se glissa sous le pommier et saisit l'oiseau. Surpris, il se débattit et se sauva, laissant une plume à Ivan.

Au petit matin, Ivan alla voir son père :

– As-tu démasqué le voleur ?

– Je l'ai vu, cher père, hélas il m'a échappé, répondit le tzarévitch en montrant la plume. C'est l'oiseau de feu. Il profite de la nuit pour piller ton pommier.

Inquiet, le tzar rappela alors à ses fils :

– Souvenez-vous, celui de vous deux qui capturera ce voleur sera tzar à son tour.

Sans perdre de temps, les deux frères prirent congé de leur père et se mirent en route. Chacun prit une direction opposée.

Ivan chevauchait depuis de longs jours quand il arriva devant trois chemins.

Sur une pierre, il put lire :

Ivan Tzarévitch choisit le chemin de droite pour rester en vie.

Il traversa des forêts et des prairies. La nuit tombée, épuisé, il s'allongea dans l'herbe pour se reposer.

À son réveil, le cheval avait disparu.

Après l'avoir longuement cherché, en vain, il repartit à pied.

Après trois jours de marche, un loup gris bondit devant le tzarévitch épuisé :

– Tu sembles dépité, Tzarévitch. Que t'arrive-t-il ?

– Je dois parcourir la Russie, hélas je n'ai plus de cheval.

– Mais que viens-tu faire ici ?

– Je recherche l'oiseau de feu qui pille le jardin de mon père.

Le loup gris eut pitié du jeune Ivan, et lui dit :

– C'est moi qui ai volé ton cheval et pour me faire pardonner, je promets de te servir fidèlement. Je suis le seul à savoir où niche l'oiseau. Fais-moi confiance.

Le tzarévitch grimpa sur le dos du loup. Ensemble, ils franchirent d'immenses royaumes. *Les pattes dévoraient l'espace et la queue effaçait les traces.*

Le loup gris s'arrêta enfin devant une forteresse et dit :
– Écoute-moi bien : l'oiseau de feu est derrière ce mur. Pendant que les gardes dorment, saisis-toi de l'oiseau mais surtout laisse sa cage, sinon il t'arrivera malheur.
Ivan se glissa dans le jardin. L'oiseau était dans une splendide cage en or.

Ivan ne put résister et emporta l'oiseau dans sa cage. Aussitôt, les cloches de la forteresse sonnèrent et les gardes rattrapèrent Ivan. Ils l'amenèrent à leur tzar, le tzar Afrone.

Le tzar en colère demanda :

– Qui es-tu ? Que viens-tu faire ?

– Je suis le fils du tzar Démian, je m'appelle Ivan Tzarévitch. Je suis venu chercher votre oiseau de feu qui pille nos pommes en or.

– Ah ! Si tu étais venu me trouver et m'expliquer cela, je t'aurais offert mon oiseau.
Maintenant tu n'es qu'un voleur. Écoute bien ceci, si tu me rends un service, je te pardonnerai et tu auras mon oiseau. Va chez le tzar Dalmat et ramène-moi sa fille, Hélène-la-Belle, nous devons bientôt nous marier.

Rouge de honte, Ivan Tzarévitch alla raconter sa mésaventure au loup gris :
– Pourquoi ne m'as-tu pas écouté, Ivan ? Pourquoi as-tu pris la cage ?
– J'ai commis une faute, c'est vrai, pardonne-moi.
– N'en parlons plus. Monte sur mon dos et filons chez le tzar Dalmat.
Ensemble, ils franchirent à nouveau d'immenses royaumes. *Les pattes dévoraient l'espace et la queue effaçait les traces*.
Le loup gris s'arrêta devant des grilles en or.
– Cette fois, tu vas m'attendre sous ce bouleau, j'irai moi-même chercher la princesse.

Le loup gris franchit les grilles et attendit, caché dans les buissons du jardin.
Le soir, la princesse sortit se promener accompagnée de ses servantes. Alors qu'elle se penchait pour sentir une fleur, le loup bondit et la renversa sur son dos. Les servantes criaient toutes au secours mais personne ne comprit ce qui s'était passé. Et… le loup s'enfuit.

Hélène sur le dos, il retrouva Ivan Tzarévitch.
– Monte vite, les gardes nous poursuivent déjà.
Ivan Tzarévitch prit la princesse dans ses bras et enfourcha le loup qui prit le chemin du retour. *Les pattes dévoraient l'espace et la queue effaçait les traces.*
C'est alors que le regard du jeune tzarévitch croisa celui de la princesse et ils tombèrent amoureux l'un de l'autre.
À l'approche du royaume du tzar Afrone, Ivan pleurait à chaudes larmes.

– Pourquoi pleures-tu, Ivan Tzarévitch ? demanda le loup.
– Hélène et moi, nous nous aimons. Je n'ai que faire de l'oiseau de feu.
– J'ai promis de te servir fidèlement, alors je vais me transformer en Hélène-la-Belle et tu m'échangeras au tzar Afrone contre l'oiseau de feu.

Soulagés, ils se remirent en route. *Les pattes dévoraient l'espace et la queue effaçait les traces.*

Au moment où Ivan reconnut la forteresse du tzar Afrone, le loup s'arrêta d'un coup et leur dit :
– Écoutez-moi bien : Hélène restera sous un bouleau. Toi, Ivan, tu m'amèneras au tzar Afrone et tu m'échangeras contre l'oiseau de feu. Puis, tu prendras la fuite avec Hélène. Je vous rattraperai plus tard.
C'est alors que le loup gris fit une virevolte et se transforma en Hélène-la-Belle. Hélène-la-Belle et Hélène-le-loup se ressemblaient comme des jumelles.

Ivan Tzarévitch mena Hélène au tzar Afrone. En les voyant, le tzar vint à leur rencontre et remercia Ivan pour le service rendu.

Il lui offrit l'oiseau de feu dans sa cage et l'invita à rester pour le mariage. Mais Ivan était pressé de quitter le tzar en si belle compagnie.

Pour la fête, on invita les tzars les plus puissants, on appela les meilleurs musiciens et les cuisiniers préparèrent des plats exquis.

Au milieu du repas, les invités disaient en cœur :

– Vive les mariés, vive le tzar Afrone, vive Hélène-la-Belle…

Le tzar voulut alors embrasser Hélène-la-Belle, mais au lieu de sentir ses douces joues, il sentit les babines poilues du loup gris.

Le tzar Afrone hurla, l'horreur envahit la salle et le loup en profita pour s'enfuir.

Le loup retrouva vite ses compagnons. Ils reprirent la route qui devait les amener chez le tzar Démian. Le loup en profita pour raconter la scène du mariage.

Remplis de joie, ils regardaient au loin le château.

– C'est ici que nous devons nous quitter. J'ai réparé ma faute et je ne suis donc plus ton serviteur.

Ivan Tzarévitch remercia le loup et lui fit ses adieux :

– Ne me dis pas adieu, Ivan. Nous nous reverrons encore une fois.

Ivan prit la cage en pensant : « Je n'ai plus besoin de lui. J'ai tout ce que je souhaite. »

Hélène-la-Belle et Ivan se mirent en marche pour atteindre le château du tzar Démian. Il lui montra son futur royaume, traversant les prairies en fleurs.
Ils s'arrêtèrent à une source pour se rafraîchir. Ivan et Hélène-la-Belle s'allongèrent sur la douce mousse et… s'endormirent avec le chant des oiseaux.

Mais voilà, Vladimir qui rentrait lui aussi, aperçut du haut de son cheval, l'oiseau de feu brillant de mille éclats. En s'approchant, Vladimir découvrit une scène qui le rendit fou de rage : il comprit que son frère Ivan allait devenir le tzar et se marierait à une très belle princesse.

Ne supportant cette idée, Vladimir Tzarévitch s'empara de la cage et disparut silencieusement.

À leur réveil, le loup gris surgit :
– Que fais-tu là, loup gris, où est l'oiseau de feu ?
– J'arrive du château de ton père. Une grande fête aura lieu demain pour couronner Vladimir. Le tzar Démian raconte à tout le royaume que c'est ton frère qui a courageusement capturé l'oiseau de feu.
Le loup gris invita alors une dernière fois Ivan et Hélène-la-Belle à monter sur son dos. Ils prirent la direction du château. *Les pattes dévorèrent l'espace et la queue effaça les traces.*
En arrivant, Ivan remercia cent fois son ami. Ivan et Hélène dirent adieu au loup gris.
Le soir même, Ivan raconta ses aventures à son père.
Il appela aussitôt Vladimir qui avoua sa trahison.
Le tzar Démian chassa aussitôt le fils qui avait menti. Le lendemain, c'est Ivan qui fut couronné.
Il devint un très grand tzar et eut, avec sa femme Hélène-la-Belle, deux fils.

# Comment apprenait-on à nager ?

## Première leçon de brasse

**Une leçon de natation à l'école Pellerin de Beauvais (Oise), vers 1900.**

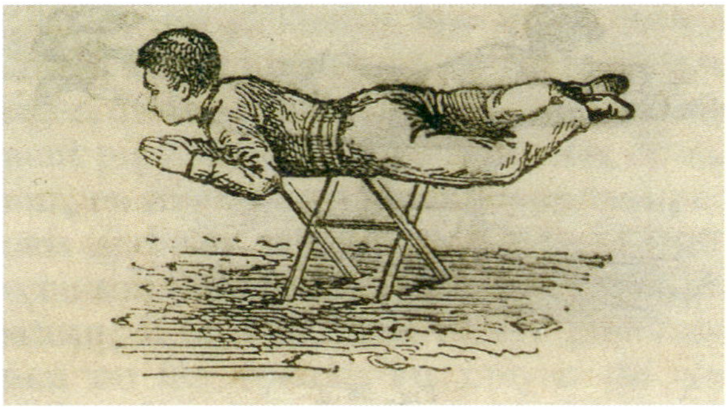

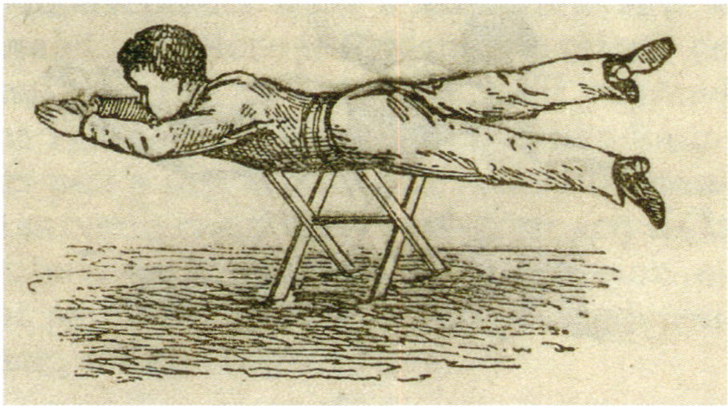

**Les conseils du maître donnés aux élèves : 1. S'allonger en équilibre sur le banc. 2. Plier les bras et les jambes. 3. Allonger en même temps les bras et les jambes.**

# Comment apprenait-on les règles de vie ?

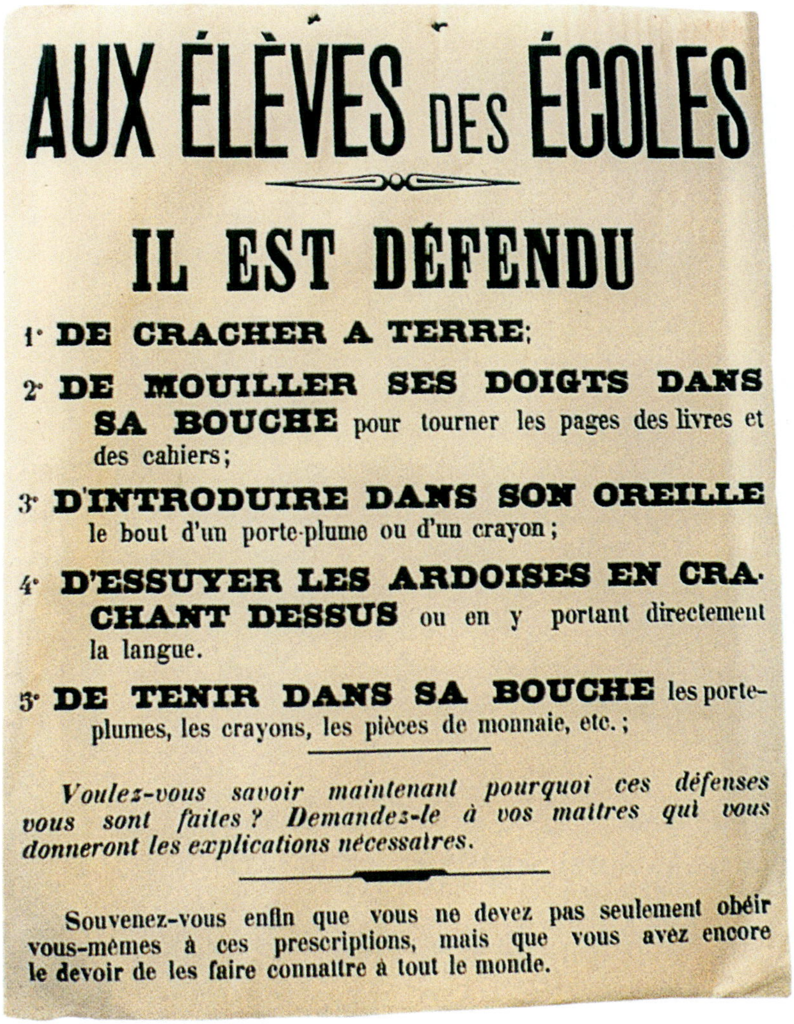

# AUX ÉLÈVES DES ÉCOLES

## IL EST DÉFENDU

1° **DE CRACHER A TERRE**;

2° **DE MOUILLER SES DOIGTS DANS SA BOUCHE** pour tourner les pages des livres et des cahiers;

3° **D'INTRODUIRE DANS SON OREILLE** le bout d'un porte-plume ou d'un crayon;

4° **D'ESSUYER LES ARDOISES EN CRACHANT DESSUS** ou en y portant directement la langue.

5° **DE TENIR DANS SA BOUCHE** les porte-plumes, les crayons, les pièces de monnaie, etc.;

*Voulez-vous savoir maintenant pourquoi ces défenses vous sont faites ? Demandez-le à vos maîtres qui vous donneront les explications nécessaires.*

Souvenez-vous enfin que vous ne devez pas seulement obéir vous-mêmes à ces prescriptions, mais que vous avez encore le devoir de les faire connaître à tout le monde.

## On avait des punitions…

Le bonnet d'âne

## … et des récompenses

Les bons points

# Comment apprenait-on à écrire ?

Il y a cent ans, il y avait deux écoles : l'une pour les filles, l'autre pour les garçons et les élèves devaient porter une blouse.

**Une leçon d'écriture à l'école de Danvilliers (Meuse), vers 1900.**

Pour **écrire**, les élèves utilisaient un porte-plume et un encrier :
– ils **imitaient** tous ensemble le maître,
– puis ils **trempaient** leur porte-plume dans l'encrier,
– et ils **recopiaient** dans leur cahier la phrase écrite au tableau.

# Comment apprenait-on à lire ?

18

**s. b. p. v. l. c. t. d. m. b. v. n. s. r. d.**

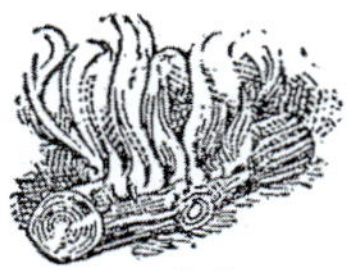

**f** = *f*

**fu. fé. fo. fe. fê. fi. fa. fè.**

**fè ve. fi ni. fê te. ra fa le. fa ri ne. fi la tu re.**
**ca fe ti è re. ca lo ri fè re. fa mi ne. ca ra fe.**
**la ca ba ne fu me. la lo co mo ti ve fi le vi te.**
**é va fe ra du ca fé, sa bi ne fe ra du ba ba.**

---

**f** = *f f f. fè. fu. fa. fé. fi. fè. fo. fê.*
*farine. fève. café. une carafe de bière.*
*fidéline sera à la fête de papa samedi.*

---

| | | | |
|---|---|---|---|
| II +I = *3* | IIIII I +I = | III −I = | IIIII IIII −I = |
| IIII +I = | I +I = | IIIII −I = | IIIII II −I = |
| III +I = | IIIII IIII +I = | II −I = | I −I = |
| IIIII +I = | IIIII II +I = | IIII −I = | IIIII III −I = |
| II +I = | IIIII III +I = | IIIII I −I = | IIIII IIIII −I = |

Les modèles de Dessin et les Gravures doivent être utilisés pour l'enseignement du Langage et de la Leçon de choses.

Une page d'un manuel de lecture vers 1900.

## Auteurs et illustrateurs

**Illustration de couverture :** Frédéric Pillot

- **Dans la rue** (pages 11 à 19)
  *Auteur :* Anne-Claire Lévêque – *Illustrateur :* Frédéric Pillot
- **Dans la jungle de Balawé** (pages 23 à 35)
  *Auteur :* Alicia – *Illustrateur :* François Bonnery
- **Princesse** (pages 41 à 55)
  *Auteur :* Jean-Christophe Pitard – *Illustrateur :* Grégoire Mabire
- **Akli le jeune berger et le loup** (pages 59 à 81)
  *Auteur :* François Beiger – *Illustratrice :* Ourida Dif
- **L'oiseau de feu et le loup gris** (pages 87 à 107)
  Adaptation de L'oiseau de feu (ЖАР-ПТИЦА)
  par Denis Chauvet et Olivier Tertre – *Illustratrice :* Sacha Poliakova

Les illustrations des pages 4 à 9, 37 à 39 et 84 à 85 sont de Séverine Cordier.

## Crédits photographiques

■ **p. 20 :** (hg) Cit'images ; (bg) Bios/J.-L. Ziegler ; (d) Cit'images ■ **p. 21 :** (hg) Réa/Nicolas Tavernier ; (bg) Bios/J.-L. Ziegler ; (d) AFP/Damien Meyerpig ■ **p. 36 :** crocodile : Colibri/S. Bonneau ; serpent : Colibri/J.-L. Paumard ; singe : Colibri/J.-L. Paumard ; hippopotame : Colibri/A.-M. Lousbens ■ **p. 37 :** hippopotame : Colibri/J.-M. Brunet ; serpent : Colibri/J.-M. Prévot ; crocodile : B.S.I.P./OSF/Deeble et Stone ; singe : Colibri/D. Fontaine ■ **p. 38 :** (g) B.S.I.P./OSF/Deeble et Stone ; (d) Colibri/A. Guerrier ■ **p. 39 :** (g) Bios/J.-L. & F. Ziegler ; (d) : Colibri/Ch. Ratier ■ **p. 56 :** AKG-images ■ **p. 57 :** chardon : Colibri/J.-L. Paumard ; mélisse : Colibri/L. Casiano ; armoise : Colibri/J.-L. Paumard ; vipérine : Colibri/J.-L. Paumard ■ **p. 82 :** Corbis Sygma/Bernard Hannebicque ■ **p. 83 :** (hg) Colibri/A. Auricoste ; (hd) Francedias. com/Pierre Canivenq ; (b) Colibri/J. Delpech ■ **p. 108 :** ©Musée National de l'Éducation-INRP-Rouen ■ **p. 109 :** (hd) ©Musée National de l'Éducation-INRP-Rouen ; (bd) Collection Kharbine-Tapabor ■ **p. 110 :** ©Musée National de l'Éducation-INRP-Rouen ■ **p. 111 :** Archives Belin.

Imprimé en France par Pollina
N° d'imprimeur : L20479 – N° d'édition : 004035-01
Dépôt légal : janvier 2006